Inhalt

Elektromobilität - Einheitliche Ladestandards rücken näher

Kernthesen

Beitrag

Fallbeispiele

Weiterführende Literatur

Impressum

Elektromobilität - Einheitliche Ladestandards rücken näher

Anja Schneider

Kernthesen

- Unterschiedliche Standards in der Ladeinfrastruktur behindern die Verbreitung von Elektrofahrzeugen.
- In Europa setzt sich der zuvor schon in Deutschland favorisierte Typ-2-Stecker durch.
- Für die Anmeldung an Ladesäulen in Deutschland erhalten Elektroautos ab 2014 einheitliche Identifikationsnummern.
- Auch international laufen Standardisierungsbestrebungen, so soll es

einen Identifikationsstandard ab 2017 geben.
- Einheitliche Kommunikationsstandards sind wichtig für die Integration von Elektroautos in ein Smart Grid.

Beitrag

Fehlende Standardisierung hemmt Absatz von Elektroautos

Die Reichweite einer Akkuladung ist neben dem Preis wohl das kritischste Kriterium beim Kauf von Elektroautos. Fehlende Standards für das Laden schränken die Alltagstauglichkeit der Fahrzeuge noch weiter ein. Am auffälligsten ist dies bei den Steckern. Weltweit gibt es mindestens drei Modelle, das Tanken im Urlaub oder auf Geschäftsreisen im Ausland könnte also ein Problem werden. Die Probleme gehen auf der Software-Seite weiter. Um den Stromverbrauch abrechnen zu können, braucht es einen einheitlichen Identifikationsstandard, mit der der Verkäufer des Stroms den Autofahrer identifizieren kann. Aus Nutzersicht wäre es außerdem wünschenswert, wenn der Fahrer seinen Strom bei jedem beliebigen Anbieter von Ladesäulen tanken könnte. Volkswirtschaftlich wäre diese Lösung ebenfalls vorteilhaft, um den kostspieligen Aufbau von parallelen Infrastrukturnetzen zu vermeiden. Mittlerweile machen die Standardisierungsbemühungen Fortschritte. Automobilhersteller, Energieversorger und IT-Dienstleister stellen zunehmend Einigkeit her.

Europa einigt sich auf Typ-2-Stecker als Standard

Weltweit haben sich für Ladestecker folgende Systeme herausgebildet: Typ 1 wird in Japan und den USA bevorzugt (für einphasiges Laden), Typ 2 in Europa (für ein- und dreiphasiges Laden), der sogenannte GB-Standard in China; französische Hersteller favorisieren den Typ-3-Stecker, der unter anderem eine Sicherheitsklappe (shutter) bietet, die den Kontakt mit stromführenden Teilen unmöglich machen soll. Die Steckersysteme passen nicht zueinander und sind nicht austauschbar.

Europa hat sich nach diskussionsreichen Jahren Anfang 2013 geeinigt: Der Typ-2-Stecker, vor Jahren entwickelt von dem deutschen Stecksystemhersteller Mennekes aus dem Sauerland, soll der europäische Standard-Ladestecker sein. Seine Besonderheit liegt darin, dass er sowohl das Laden mit einphasiger

Wechselspannung im privaten Haushalt als auch das leistungsstarke dreiphasige Laden mit 63 A unterstützt. Das erhöht die Ladeleistung und verringert die Ladezeit. Auch ein Shutter wurde dem Typ 2 mittlerweile hinzugefügt. Das versöhnte Italien und führte zu seinem Einverständnis mit diesem Steckerstandard. Japanische und amerikanische Automobilhersteller wollen ihre in Europa angebotenen Fahrzeuge bis 2017 mit einem Typ-2-Stecker ausrüsten. Nur Frankreich will weiterhin seine eigene Lösung. Der Entscheidung der EU-Kommission vom Januar 2013 haben sich 20 Energie- und Automobilunternehmen angeschlossen. (1), (2), (3), (4), (5)

In Deutschland ermöglicht ID-Kennzahl flächendeckendes Stromtanken und Roaming

Heute können Elektroautos oft nur an den Ladesäulen des Stromanbieters aufgeladen werden, mit dem der Fahrer einen Vertrag hat. Das darf natürlich nicht so bleiben. Energieversorger, Autokonzerne und IT-Dienstleister in Deutschland haben sich mittlerweile geeinigt, die Abrechnung des Stromtankens an öffentlichen Ladesäulen über eine einheitlich gestaltete Identifikationsnummer abzuwickeln. Diese wird aus einer bestimmten Abfolge von zwölf Buchstaben und Ziffern bestehen, in Deutschland mit "DE" beginnen und soll ab Januar 2014 vom Bundesverband der Energie- und Wasserwirtschaft e.V. (BDEW) vergeben werden. Der Fahrer eines Elektroautos ist dann die Sorge los, wo er als nächstes aufladen kann - das kann er dann überall. Allerdings drohen ihm andererseits beim "Fremdtanken" zusätzliche Roaming-Gebühren ähnlich wie beim "Fremdtelefonieren" oder "Fremdgeldabheben". Die ID-Kennzahl macht nämlich nicht nur die Bahn frei für eine flächendeckende e-mobility, sondern auch für den Datenaustausch unter den Ladesäulenbetreibern und somit für ein Stromtankstellen-Roaming. (2), (6)

Internationaler Standard für bidirektionale Kommunikation zwischen Auto und Ladesäule

Auch international ist man auf Verständigung aus. An einem weltweit gültigen, offenen Kommunikationsstandard zwischen Fahrzeug und Ladesäule für das intelligente Laden arbeiten die Internationale Organisation für Normung (ISA) für den Automobilbereich und die Internationale Elektrotechnische Kommission (IEC) für den

Energiesektor. Die weltweite Standardisierung dieser Ladeschnittstelle ist das Ziel der in der Entwicklung befindlichen, bereits achtteiligen Norm ISO/IEC 15118 Road Vehicles - Vehicle-to-Grid-Communication-Interface (V2G). Der Standard soll ab 2017 für jedermann nutzbar sein. Wer das tut, muss sich an der Ladestation nicht mehr extra anmelden, die Station erkennt den Nutzer automatisch und übermittelt verschlüsselt die relevanten Daten. (7)

Zukunft: Elektroautos als mobile Stromspeicher im Smart Grid

Die Visionen der Autobauer und Energieforscher sehen die Elektroautos nicht nur als Stromverbraucher, sondern auch als mobile Stromspeicher und -lieferanten. Als solche sollen sie ihren Beitrag zur Energieversorgung auf regenerativer Basis spielen. Damit die Elektroflitzer dies leisten können, müssen sie mit den Stromnetzen zuverlässig kommunizieren und an jeder Ladesäule herstellerunabhängig Strom aufnehmen und abgeben können. Fernziel ist es, dass alle erforderlichen Daten zwischen dem Elektrofahrzeug und dem intelligentem Stromnetz, dem Smart Grid, reibungslos ausgetauscht werden können, beispielsweise Informationen über Ladezustand, Ladeart, Reichweiten, Energiepreise oder Status der Energienetze. (8)

Trends

RWE Effizienz beobachtet positive Trends bei der Infrastruktur für e-Mobilität: Die Anzahl der Ladevorgänge steigt europaweit; die monatliche Anzahl der Ladevorgänge hat sich innerhalb eines Jahres verdoppelt; die deutschen Automobilhersteller führen in den kommenden Monaten vierzehn neue Modelle mit Elektroantrieb ein. BMW präsentierte im Juli sein neues Elektroauto i3, einen familientauglichen Stadtflitzer. Er ist ab Oktober für zirca 35 000 Euro bestellbar. (11)

Die Europäische Kommission will die Infrastruktur für alternative Treibstoffe in den Mitgliedsländern voranbringen und hat dazu ein Maßnahmenpaket vorgelegt. Es beinhaltet genügend Ladesäulen für Elektroautos, eine einheitliche Ladetechnik, ein Netz an Tankstellen für alle anderen verfügbaren alternativen Kraftstoffe wie etwa Wasserstoff, Erdgas, Autogas (LPG) und verflüssigtes Erdgas (LNG) - für Schiffe und LKW. (12)

Kooperationen liegen bei der Elektromobilität im Trend. Gemeinsam forschen, gemeinsam kreativ sein, Wissen teilen, keine wesentlichen Innovationen verpassen und Unsicherheiten reduzieren, das ist den jeweiligen Partnern wichtig. (13)

Ganz ohne Kabel funktioniert das induktive Laden.

Wissenschaftler des Fraunhofer-Instituts in Freiburg haben jetzt für Elektrofahrzeuge den Prototypen eines Systems vorgestellt, der das Laden des Akkus in nur einer Stunde ermöglichen soll. Die Energieübertragung an die Fahrzeugbatterie erfolgt berührungslos über ein Magnetfeld zwischen zwei Spulen. (14)

Fallbeispiele

Seit Juni 2013 ist der vollelektrische Kleinwagen **Zoe von Renault** auf dem deutschen Markt erhältlich, alltagstauglich, ab 22 500 Euro. Hinter seinem Logo, dem aufklappbaren Rhombus, verbirgt sich die Buchse für den Ladestecker. Das von Renault patentierte Ladesystem "Chameleon" nutzt ein Universal-Ladekabel mit dem zukünftig EU-weit normierten Typ-2-Stecker von "Mennekes" und passt sich an vier verschiedene Leistungsklassen an, von 3,7 Kilowatt bis 43 Kilowatt. Das Laden an öffentlichen Ladesäulen ist kein Problem, allerdings passt der Zoe nicht an die Haushaltssteckdose per Schuko-Stecker. Als Partner von Renault montiert RWE die im Preis inbegriffene Heim-Ladebox beim Fahrzeugkäufer. (15)

In den **Niederlanden** soll bis 2015 das weltweit größte Netz an Schnellladestationen für E-Autos aufgebaut werden. Das niederländische Unternehmen Fastned hat bei ABB Ladegeräte für über 200 Schnellladestationen für Elektroautos bestellt. Die Fastned-Ladestationen werden flächendeckend über die Niederlande verteilt entlang der Autobahnen und in einem Abstand von 50 km errichtet. (16)

In **Norwegen** stand im April 2013 der Nissan Leaf direkt hinter dem VW Golf auf Platz 2 der Zulassungsstatistik, nachdem das Land die Mehrwert- und die Neuwagensteuer für Elektrofahrzeuge abgeschafft hatte. (11)

Die internationale Standardisierung bei der Elektromobilität vorantreiben soll das Projekt **eNterop**. Es zielt auf die interoperable Kommunikation zwischen Elektrofahrzeug und Ladesäule. eNterop soll dazu unter anderem zu einem einheitlichen Testverfahren auf Standardkonformität von Systembausteinen führen und eine offene Technologieplattform entwickeln, die vor allem für kleine und mittelständische Unternehmen die technischen Hürden bei der Umsetzung der neuen V2G Produkte und Dienstleistungen vermindert. Das Projekt läuft seit Juli 2012, dauert zwei Jahre und verfügt über einen Etat von 4,6 Millionen Euro. Die Hälfte steuert das Bundesministerium für Wirtschaft und Technologie bei, die anderen Projektpartner sind Continental, die Fraunhofer Gesellschaft, RWE, Siemens, die TU Dortmund, BMW, Daimler und Volkswagen. Das eNterop-Konsortium steht im engen

Austausch mit der Normungsinitiative Elektromobilität (DIN, DKE, IEC und ISO). (8), (17)

Für das Projekt **Intercharge** haben sich BMW, Daimler, Bosch, Siemens und die Energieanbieter EnBW und RWE in der Hubject GmbH zusammengetan. Ihr Ziel ist der einfache Zugang zu öffentlichen Ladestationen in Europa und europaweites e-Roaming.Ihr Slogan lautet "Charge wherever you like" - "Laden Sie auf, wo immer Sie wollen." Alle zu Intercharge gehörenden Ladestationen sind mit einem Logo und einem grafischen Code gekennzeichnet. Der Autofahrer verbindet seinen Wagen per Kabel mit der Ladestation, autorisiert sich per Smartphone-App und QR-Code an der Ladesäule, der Ladevorgang startet, die Abrechnung mit dem jeweiligen Strom-Vertragspartner des Fahrers geschieht automatisch. Das Projekt soll noch in diesem Jahr in Deutschland starten, weitere europäische Länder sollen folgen. (4), (2)

Die Stuttgarter **Lapp**-Gruppe hat vor kurzem eine Steckerlösung mit zwei Temperatursensoren entwickelt, die die Brandgefahr beim Laden über die gebräuchlichen Haushaltssteckdosen minimiert. (18)

Das Berliner Unternehmen Ubitricity will **Straßenlaternen** zu Ladesäulen umrüsten und hat dazu spezielle Stromkabel mit eingebauten Stromzählern entwickelt. Projektpartner ist

Energieversorger Vattenfall. Das Pilotprojekt soll in Berlin mit 100 Laternen laufen. Deutsche Autokonzerne sollen schon Interesse an dem System zeigen. (19)

Die Firma Altran hat einen so genannten "**E-Mobility-Tracer**" entwickelt, mit dem Fahrzeughersteller und -Zulieferer wie auch Ladesäulenproduzenten und -betreiber testen können, ob ihr Zusammenspiel funktioniert. (20)

Weiterführende Literatur

(1) Einheitliche Ladestecker
aus "A3ECO" Nr. 07/2013 vom 27.06.2013 Seite 33

(2) Schritt für Schritt
aus Süddeutsche Zeitung, 13.06.2013, Ausgabe Bayern, Deutschland, S. 20

(3) Elektromobile brauchen einheitliche Ladesysteme
aus EP Nr. Nr. 7 vom 10.04.2012

(4) An einem Kabel ziehen
aus Zeit online vom 25.06.2013, Nr. 23

(5) Keine Shutter-Pflicht für Ladestecker
aus Produktion, 2013, S. 27

(6) Immer Anschluss unter einer Nummer
aus Frankfurter Allgemeine Zeitung, 13.06.2013, Nr.

134, S. 13

(7) Elektromobilität: Intelligent laden
aus MOTOR-INFORMATIONS-DIENST vom 16.April 2013

(8) Forschungsprojekt "eNterop" Tests für Elektromobilität-Systemkomponenten vereinheitlichen
aus www.elektrotechnik.de vom 06.02.2013

(9) Der mühsame Weg zum schnellen Laden
aus Handelsblatt Nr. 049 vom 08.03.2012 Seite 50

(10) Stromlieferant EnBW: Ladesäulen unrentabel
aus MOTOR-INFORMATIONS-DIENST vom 06.Juni 2013

(11) Die Infrastruktur wird smart
aus AI Nr. 206 vom 03.07.2013

(12) EU will 800.000 E-Ladestationen bis 2020
aus energate vom 25.01.2013

(13) Elektromobilität kommt in kleinen Etappen voran
aus VDI NR. 27-28 VOM 05.07.2013 SEITE 17

(14) Induktives Ladesystem Elektrofahrzeuge in einer Stunde laden
aus www.elektrotechnik.de vom 03.07.2013

(15) Einsteiger-Modell
aus neue energie, Heft 7/2013, S. 60

(16) Niederlande baut Schnelllader-Netz aus

aus Produktion, 2013, S. 7

(17) Elektromobilität: Die Standardisierung schreitet voran
aus MOTOR-INFORMATIONS-DIENST vom 07.März 2013

(18) Laden leicht gemacht Lapp hat eine Steckerlösung entwickelt, die das Laden von Elektrofahrzeugen über gebräuchliche Steckdosen ohne Risiken jederzeit und überall möglich macht.
aus KOPRA Nr. 802 vom 10.04.2013

(19) Elektroautos tanken an der Straßenlaterne
aus MOTOR-INFORMATIONS-DIENST vom 22.Mai 2013

(20) Testgerät für Ladesäulen und Elektroautos
aus MOTOR-INFORMATIONS-DIENST vom 13.April 2012

Impressum

Elektromobilität - Einheitliche Ladestandards rücken näher

Bibliografische Information der deutschen Nationalbibliothek

Die Deutsche Nationalbibliothek verzeichnet diese Publikation in der deutschen Nationalbibliografie; detaillierte bibliografische Daten sind im Internet über http://dnb.d-nb.de abrufbar.

ISBN: 978-3-7379-1545-8

© 2015 GBI-Genios Deutsche Wirtschaftsdatenbank GmbH, Freischützstraße 96, 81927 München, www.genios.de

Alle Rechte vorbehalten. Dieses Werk ist einschließlich aller seiner Teile – z.B. Texte, Tabellen und Grafiken - urheberrechtlich geschützt. Jede Verwertung außerhalb der Grenzen des Urheberrechtsgesetzes bedarf der vorherigen Zustimmung des Verlags. Dies gilt insbesondere auch für auszugsweise Nachdrucke, fotomechanische Vervielfältigungen (Fotokopie/Mikroskopie), Übersetzungen, Auswertungen durch Datenbanken oder ähnliche Einrichtungen und die Einspeicherung und Verarbeitung in elektronischen Systemen.